COMMENT GAGNER DE L'ARGENT AVEC VOTRE BLOG EN 2019

APPRENDRE À GÉNÉRER DES REVENUS EN LIGNE ÉTAPE PAR ÉTAPE, GÉNÉRER DES MILLIERS DE VISITES SUR VOTRE SITE WEB, DEVENIR UN BLOGUEUR EXPERT

Gaston Echevarria

Première édition

Table des matières

Introduction

Vous voulez gagner de l'argent dans le monde du blogging rentable et vous avez hâte de devenir l'un de ces blogueurs à 6 chiffres dont vous avez tant entendu parler ?

Si c'est le cas, vous voudrez lire chaque mot de ce rapport spécial parce que je vais vous montrer exactement comment vous pouvez rejoindre les rangs de ceux qui ont cultivé le suivi régulier des acheteurs grâce à un réseau de blogs très ciblés.

J'ai éliminé l'encombrement et la perte de temps afin de vous amener au cœur des blogs à succès sans trop compliquer le processus, ni vous forcer à passer par une longue et longue courbe d'apprentissage.

Parce que la vérité, c'est que ça n'a pas besoin d'être si compliqué.

Gagner de l'argent avec des blogs de niche soigneusement conçus n'est pas si difficile à faire. En fait, si vous êtes à la recherche d'un moyen rapide et facile d'installer le magasin de sorte que vous pouvez commencer à faire de l'argent en ligne sans un gros investissement, blogging est la voie à suivre.

Créer des blogues de haute qualité dans votre créneau ou votre secteur d'activité qui génèrent du trafic et fournissent du contenu et de l'information de valeur à votre marché est aussi l'une des méthodes les plus efficaces pour établir une présence faisant autorité et vous établir dans votre secteur, plus des marges bénéficiaires incroyables ; les blogues vous mettent dans une excellente position sur votre marché.

Et devinez quoi ? La meilleure partie de cette stratégie est qu'elle est aussi exceptionnellement facile à réaliser et très rentable. La création d'un blog ne coûte pas cher. En fait, la plupart des travaux nécessiteront votre temps et non votre argent.

Alors, sans plus attendre, commençons tout de suite !

Pouvez-vous gagner beaucoup d'argent avec les blogs ?

Voici la vérité sur les blogs à six chiffres : si les blogs peuvent (éventuellement) être automatisés, il ne faut pas s'attendre à ce que les revenus soient passifs dès le départ. Vous devrez y travailler, surtout lorsque vous lancez votre blogue et que vous construisez une plateforme que vous voulez faire reconnaître dans votre marché.

Quand j'ai commencé à bloguer, je passais 30 à 50 heures par mois à créer du contenu, à transformer les visiteurs en abonnés de courriel et à vendre des produits et services (dont aucun que j'ai créé moi-même - je me concentrais entièrement sur le marketing affilié. Plus d'informations à ce sujet plus tard).

Bien que j'aie fini par confier la majeure partie de mon contenu à des rédacteurs experts, je passe encore du temps à évaluer les options publicitaires, à examiner les produits que je peux promouvoir, à créer ma liste d'envoi et à créer des campagnes publicitaires pour augmenter le trafic et garder mes blogues à l'avant-plan.

Bien que vous puissiez déléguer de nombreuses tâches à une équipe, comme la création de contenu et même le marketing, vous voudrez être directement impliqué dans la phase initiale de construction. C'est votre marque, après tout. Vous devez vous assurer que chaque élément de contenu a votre voix, transmet votre message et représente votre entreprise de la meilleure façon possible.

Personne ne sera jamais aussi prudent et professionnel dans la construction de votre blog que vous, non ? Alors, gardez vos talons et engagez-vous à passer les premiers mois de la construction de votre blog à partir du rez-de-chaussée. Ensuite, et seulement à ce moment-là, vous devriez commencer à créer une équipe qui vous aidera à gérer votre blogue et éventuellement étendre à d'autres avenues avec d'autres blogues spécialisés (si vous décidez de le faire).

Encore une fois, le blogging n'est en aucun cas une méthode mains libres pour gagner de l'argent pendant les étapes INITIALES. Vous devez être prêt à investir du temps et des efforts si vous voulez vraiment réussir.

Mais la bonne nouvelle ? Votre dur labeur sera payant.

Les meilleurs moyens de gagner de l'argent avec votre blog

Bien qu'il existe d'innombrables rapports et articles qui compliquent à l'excès le processus de gagner de l'argent à partir de blogs, voici un résumé de base de la façon dont cela se fait :

1 : Créer un blog et enregistrer un domaine mémorable. Évitez les options hébergées à distance. Vous devez avoir le plein contrôle de votre site Web afin de pouvoir profiter de toutes les différentes options de revenu sans limites (ou d'autres personnes de la publicité).

2 : Rédiger (ou externaliser) du contenu qui génère du trafic et attire les visiteurs. Ce contenu doit être de haute qualité, spécifique et informatif. Que de la viande, pas de légumes.

3 : Transformez vos visiteurs en abonnés email pour que vous puissiez créer votre liste. Un bulletin d'information est la clé du succès d'un blogue en ligne. Grattez cela ; un bulletin d'information est essentiel pour réussir dans presque tous les marchés en ligne. Tu ne gagneras jamais autant d'argent sans ça.

4 : Communiquez régulièrement avec ces abonnés pour que leurs listes ne refroidissent pas. Établir une relation de communication et de confiance. Favoriser les relations avec votre marché. C'est ici que vous pouvez construire une marque reconnue comme une autorité sur votre marché et vous différencier de la concurrence (surtout des blogueurs qui ne le font pas !).

5 : Vendez des produits et services à votre public par le biais de votre blog et de votre bulletin d'information nouvellement créé.

Ça a l'air facile, n'est-ce pas ? Ça l'est. Mais cela prendra du temps. Allons un peu plus loin dans chacune de ces étapes pour que vous puissiez mieux comprendre son fonctionnement.

> ## *CRÉEZ VOTRE BLOG*

Ce rapport se concentre sur la façon de gagner de l'argent avec votre blog, donc je ne vais pas entrer dans les détails sur la construction de la plate-forme. Sachez simplement que vous devez toujours choisir un domaine mémorable qui cible votre marché et que vous créez un compte d'hébergement professionnel qui contient votre blog. N'utilisez pas un hôte gratuit ou une option d'hébergement à distance telle que Blogger.

➢ *CRÉER DU CONTENU POUR VOTRE BLOG*

Le type de contenu que vous créerez dépendra de votre public cible, mais chaque élément de contenu doit toujours être informatif et le sujet le plus juteux et pertinent auquel vous pouvez penser.

Votre contenu sera le moteur du trafic et incitera les visiteurs à revenir sur votre blog. Vous devez faire de votre blogue une source de contenu informatif sur votre marché, alors assurez-vous de consacrer plus de temps au développement de contenu convaincant (ou à l'impartition à des rédacteurs expérimentés qui connaissent votre marché à fond).

Astuce interne : Un moyen simple d'ajouter de la valeur à votre site Web est d'utiliser un plugin tel que www.PostGopher.com qui convertira le contenu de votre article en fichiers PDF que vos visiteurs pourront enregistrer sur leur ordinateur. Cela leur permet de le lire plus tard, en gardant leur attention et en augmentant leurs chances de digérer son contenu.

➢ *CONSTRUIRE ET CONVERTIR DES CLIENTS*

Vous devez toujours travailler à l'élaboration de votre liste. Il s'agit d'un processus que vous pouvez mettre en place sur le pilote automatique à l'aide de formulaires d'adhésion sur place qui saisissent les renseignements sur les visiteurs et les ajoutent à votre liste de diffusion. Des plugins tels que www.OptinMonster.com facilitent l'ajout de visiteurs à vos listes de diffusion.

Offrez un incitatif à ceux qui se joignent à vos listes, par exemple en leur fournissant un rapport spécial qui n'est disponible nulle part ailleurs sur votre blogue, ou des offres spéciales et des rabais sur les produits et services. Vous devez toujours livrer plus que ce dont vous avez besoin et commencer prudemment. N'inondez pas vos abonnés d'offres payantes tout de suite - établissez d'abord une relation avec eux et faites-leur savoir que vous veillez à leurs intérêts.

Ensuite, mettez en place des campagnes d'autorépondeur qui transmettront une variété d'offres précieuses et gratuites à vos abonnés au fil du temps. J'ai personnellement mis en place un email d'introduction et de bienvenue pour envoyer à mes abonnés dès qu'ils rejoignent ma liste.

Puis, 2-3 jours plus tard, j'ai un autre courriel automatisé qui offre un rapport spécial gratuit sur mon créneau. Puis, une semaine plus tard, je commence à les conditionner pour qu'ils ouvrent mes courriels parce qu'ils savent qu'ils en auront pour leur argent. Une autre offre gratuite, un code de réduction spécial ou un infographe spécial basé sur ce qui intéresse le plus mes visiteurs.

Ce n'est que 7 à 12 jours plus tard que je commence à vendre activement, et je le fais de manière aussi passive que possible. Au lieu de leur faire des offres audacieuses et face à face, je travaille avec eux en leur fournissant des ressources ou des outils précieux qui, à mon avis, les aideront ou amélioreront leur vie d'une manière ou d'une autre.

Lorsque les abonnés auront l'impression que vous êtes un ami qui s'occupe d'eux, plutôt qu'un vendeur dont le seul intérêt est de gagner de l'argent, ils réagiront en conséquence. Alors, ne soyez pas un vendeur agressif d'email - soyez un blogueur professionnel avec un pouls dans votre marché et un qui est prêt à aller la distance pour votre visiteur (et clients potentiels).

> ***Gagnez leur confiance et leur respect.***

Et enfin, vendez des produits et services comme si ce n'était l'affaire de personne ! C'est alors que vous commencerez à gagner de l'argent avec votre blog et, comme vous le faites, vous verrez ce à quoi vos visiteurs répondent afin que vous puissiez ajuster votre système et commencer à adapter à la fois vos campagnes d'email et le contenu de votre blog, selon ce qui les intéresse le plus.

Ce qui nous amène à l'essentiel de ce rapport : COMMENT faire de l'argent.

Quels produits ou services devez-vous vendre, comment pouvez-vous transformer le contenu gratuit en profit, comment pouvez-vous utiliser votre blog comme un outil de génération de leads qui vous permet de gagner de l'argent sur une base régulière ?

Je vais vous montrer comment dans le prochain chapitre.

Affiliés !

L'un des aspects les plus importants de la construction d'un blog rentable est de décider quelle forme de monétisation fonctionnera le mieux pour votre marché.

Il existe de nombreuses options différentes qui s'offrent à vous, de sorte qu'il est souvent plus compliqué de déterminer par laquelle commencer (et finalement de calibrer le format auquel vos visiteurs sont le plus susceptibles de répondre).

Alors, décomposons-le pour que vous puissiez créer un système sécurisé qui vous permettra de gagner de l'argent en un rien de temps, en évitant les options à faible rendement dont tant de gens sont victimes.

DÉFINIR VOTRE OBJECTIF :

Vous pouvez créer un blog simplement parce que vous êtes intéressé à écrire du contenu pour votre marché de niche. Vous avez peut-être beaucoup d'informations à partager et vous aimez aider les autres... Génial ! Mais, vous devez toujours définir le but de votre blog.

Votre blog est-il conçu pour attirer les visiteurs avec un contenu utile et gratuit que vous pouvez transformer en avantage ?

Envisagez-vous d'utiliser votre blog pour offrir une offre gratuite en échange d'une adresse e-mail pour créer des listes de diffusion spécifiques ?

Si oui, alors votre blog est un mécanisme pour générer des clients potentiels et c'est votre objectif.

Le but de créer un blog n'est pas seulement de gagner de l'argent en vendant des produits et services directement, soit avec vos propres offres ou par le biais d'offres de marketing affilié. Votre blog devrait également être un outil pour générer des clients potentiels, un moyen d'entrer sur votre marché, et de construire l'autorité dans votre niche.

Alors, *comment commencer à monétiser votre blog ?*

> **Affiliate Marketing !**

Même si vous avez un produit ou un

service de votre propre, si vous êtes nouveau dans votre niche et ne sont pas établis en tant que développeur de produit, vous devriez commencer par créer un contenu convaincant pour votre blog et monétiser ce contenu avec des produits et services établis de propriétaires d'entreprises qui offrent des options de marketing affilié.

Vous pouvez alors siphonner la crédibilité de ces professionnels établis, et mieux encore, vous pouvez les laisser faire l'essentiel du travail !

Avec le marketing d'affiliation, vous n'êtes pas bloqué sur les postes de travail à soutenir les e-mails des clients qui ont besoin d'aide.

Vous ne travaillez pas avec des graphistes, du matériel promotionnel et des trousses médiatiques pour fournir aux promoteurs des outils à utiliser.

Vous ne travaillez pas sur les mises à jour de produits, la recherche et la réparation de problèmes ou de bogues dans votre logiciel.

En tant qu'affilié, vous avez un travail à faire : vendre le produit et gagner de l'argent !

Le marketing d'affiliation est certainement la stratégie la plus intelligente.

> ***Avez-vous besoin de plus de conviction ?***

Les spécialistes du marketing

d'affiliation peuvent créer des blogs rentables plus rapidement que n'importe qui d'autre parce que vous ne passez pas des mois à investir temps et argent dans la création de produits. Vous pouvez choisir parmi des centaines de produits performants et les présenter sur votre blog en quelques clics.

Les spécialistes du marketing d'affiliation peuvent générer des revenus qui sont presque purement passifs. Vous n'êtes pas impliqué dans le support, le développement ou les mises à jour, ce qui vous laisse libre de créer du contenu, de créer vos listes de diffusion et d'évaluer les produits du développeur qui vous feront gagner autant d'argent que possible.

Et le marketing d'affiliation peut également vous introduire à la vente à chaud des produits, vous donnant des idées pour votre propre produit plus tard sur la route une fois que votre blog est mis en place et vous générez un trafic constant ! Vous saurez exactement quel type de produits vous vendez sans avoir à tester vos propres produits, ce qui minimise le risque d'échec.

C'est une situation gagnant-gagnant.

La seule exception à cette règle est si vous êtes un fournisseur de services. Si vous gagnez de l'argent en offrant des services de consultation, de vente de biens immobiliers ou tout autre type de service, vous voudrez commencer à offrir ces services sur votre blog dès le début. Mais si vous n'êtes pas un fournisseur de services, le marketing d'affiliation est la seule stratégie de monétisation sur laquelle vous devriez vous concentrer.

Voici ce que vous devez vendre....

Si vous pensez, "Quel genre de produits d'affiliation devrais-je vendre ? C'est la seule chose dont il faut se soucier quand on choisit comment monétiser son blog.

La clé du succès n'est pas de s'attaquer aux marchés bon marché. Ne faites pas l'erreur de penser qu'il vaut mieux vendre un produit à 10 $ parce que plus de gens sont susceptibles de l'acheter. Ce n'est pas vrai, ce n'est pas logique. En fait, vous rendrez les choses plus difficiles pour vous-même et vous devrez travailler beaucoup plus fort pour générer un revenu décent chaque mois.

Au lieu de cela, faites ce que font les blogueurs professionnels : commencez avec des produits d'affiliation haut de gamme (77 $ et plus) et descendez. Non seulement vous gagnerez plus d'argent, mais vous n'aurez pas à vendre presque autant d'exemplaires pour le faire !

Le seul moyen pour qu'un produit bas de gamme fonctionne, c'est d'avoir un support solide de produits à prix plus élevés. Dans l'édition, les auteurs appellent ce premier produit (livre 1 de sa série) un leader perdu. Fondamentalement, vous vendez à un prix suffisamment bas pour qualifier les acheteurs (plutôt que des moteurs de recherche gratuits), tout en les séduisant pour acheter vos produits backend plus chers. C'est là que vous gagnez votre argent.

Dans le marketing d'affiliation, la seule façon de vendre une offre initiale à bas prix est logique si vous avez une série d'offres d'arrière-plan à prix élevé à saisir. Lorsque vous commencez à bloguer (et dans le marketing d'affiliation), il est beaucoup plus facile d'aller chercher de l'or et de promouvoir des offres à prix plus élevés sur votre front, tout en vous coupant les dents dans le processus.

En outre, comme vous faites la promotion des offres d'affiliation et de créer vos listes de diffusion, vous pouvez facilement lancer votre propre produit plus tard à un prix plus élevé parce que vous avez cultivé des groupes d'abonnés qui se sentent à l'aise de payer plus cher.

Et n'oubliez pas, la mesure qui est au-dessus de toutes les autres est le nombre sur votre liste de diffusion. Ne vous inquiétez pas pour les abonnés aux flux RSS - qui ne valent plus la peine d'être pris en considération - concentrez-vous simplement sur la création de vos bulletins d'information, car ce sera le véritable prédicteur de combien d'argent votre blog va gagner.

CE QUE VOUS DEVEZ SAVOIR :

Comment pouvez-vous trouver les meilleurs produits d'affiliation pour votre blog ?

La solution la plus simple est de rejoindre le réseau publicitaire de Chitika ici : https://chitika.com/publishers

Bien qu'il existe de nombreux réseaux publicitaires différents (et je partagerai avec vous quelques autres qui font de l'argent dans un instant), Chitika est l'un des principaux réseaux publicitaires en ligne.

En voici d'autres que j'ai utilisées. Ce sont toutes des ressources fantastiques pour les nouveaux blogs :

LinkShare : *Rakuten Marketing :

<font color=#38B0DE>-=https://www.linkshare.com/=- Proudly Presents

L'un des plus grands réseaux d'affiliation en ligne avec plus de 10 millions d'associations affiliées. Vous ne serez pas à court de choix de produits et services à choisir.

Commission Junction :

<font color=#38B0DE>-=http://www.cj.com/=- Proudly Presents

C'est celle avec laquelle j'ai commencé il y a plusieurs années (j'ai même un sifflet de train en bois qu'ils ont envoyé à leur première vague d'affiliés), et je l'utilise encore aujourd'hui. Réseau publicitaire très fiable et fiable.

ShareASale :

<font color=#38B0DE>- =https://www.shareasale.com/=- Proudly Presents

L'un des réseaux publicitaires les plus populaires avec plus de 3 000 marchands participants, vous trouverez donc une tonne de produits à promouvoir.

Programme d'affiliation Amazon :

<font color=#38B0DE>- =https://affiliate- program.amazon.com/=- Proudly Presents

Bien que le ratio de paiement soit inférieur à celui de nombreux autres réseaux, ils vous offrent la possibilité de vendre des produits d'une marque hautement reconnue, en plus d'avoir accès à la totalité de votre inventaire de produits. Je vous recommande d'essayer une poignée de produits lorsque vous commencez à écrire sur votre blog, car ils sont exceptionnellement faciles à utiliser.

J'inclurai certains des autres réseaux publicitaires que j'ai utilisés à la fin du présent rapport dans la section des ressources. Pour l'instant, joignez-vous à ces quatre réseaux et parcourez votre inventaire à la recherche d'une poignée de produits pertinents à votre créneau et à ce qui, à votre avis, intéresserait le plus vos visiteurs.

Créez ensuite votre contenu. Si vous avez un budget serré et prévoyez d'impartir la majeure partie du travail, dépensez la majeure partie de votre argent dans le développement de contenu. C'est ainsi que vous vous démarquerez des autres blogs de votre marché, capterez l'attention de votre public et encouragerez un trafic répété. Si vous ne faites rien d'autre, consacrez du temps (ou de l'argent) à créer du contenu KILLER de la plus haute qualité possible.

> ## *Vous ne savez pas sur quoi écrire ?*

Faites des recherches sur les 10 meilleurs blogs de votre marché de niche. Regardez ce qu'ils écrivent, quels titres et titres ils utilisent, quels articles ont le plus de goûts et de commentaires ? Notez tout ce que vous trouvez, en créant un curseur d'information qui vous aidera à créer le type de contenu qui intéresse le plus ceux de votre marché.

Prenez votre temps avec ça ! Si vous n'êtes pas sûr du type de contenu que vos visiteurs veulent le plus, vous devez vraiment passer du temps à faire des recherches avant de commencer. Ce ne sera pas long. Passez une heure ou deux à parcourir les blogs populaires et vous aurez rapidement une liste d'idées possibles.

Rappelez-vous, tout ce dont vous avez vraiment besoin pour commencer à bloguer est de 2-3 articles de haute qualité. Ou bien, retournez le script et offrez à vos visiteurs une combinaison de types de contenu, y compris des infographies, des articles ou une vidéo.

Et configurez toujours votre liste de diffusion opt-in avant de commencer à diriger le trafic vers votre blog.

Si vous voulez une option abordable et facile à utiliser, visitez http://www.MailerLite.com ou http://www.MailChimp.com et intégrez ensuite une application opt-in telle que LeadPages.net ou OptinMonster.com pour simplifier le processus.

Récapitulatif :

- Créez de 2 à 5 morceaux de contenu tueur sous forme d'articles, d'infographies ou de vidéos.

- Investissez dans un service de liste d'envoi et configurez votre courriel d'accueil et de présentation. Ne pas vendre dans les 2-3 premiers emails.

- Offrez leur UNE chose gratuitement : un rapport, un téléchargement gratuit, ou autre chose qui plait à votre marché.

- Intégrez 1 à 3 produits d'affiliation

dans le contenu de votre blog et les newsletters de votre liste de diffusion.

- Lorsque vous pouvez vous le permettre, achetez un plug-in opt-in pour listes de diffusion qui capture les clients potentiels.

Vous pouvez vous en passer en incorporant simplement votre code d'enregistrement de liste de diffusion dans votre propre blog, mais honnêtement, les applications comme OptinMonster.com sont beaucoup plus professionnelles, car non seulement elles créeront automatiquement des pop-ups ou des formulaires de site, mais vous pouvez aussi les personnaliser pour les faire apparaître selon l'activité de l'utilisateur (par exemple, combien de fois le visiteur est venu sur votre site, où le visiteur est présent, etc).

- Évaluer régulièrement les produits d'affiliation à partir des réseaux d'affiliation. Gardez le pouls de votre marché en visitant constamment les blogs mis en place dans votre niche afin de suivre le type de contenu que vous recevez beaucoup d'attention ainsi que le type de produits que vous vendez.

- Générer du trafic ! Faites participer les visiteurs potentiels par le biais des médias sociaux, créez des campagnes publicitaires avec le réseau de visualisation de contenu de Google, utilisez des forums et des communautés dans votre niche pour présenter votre blog et maximiser votre visibilité.

Conclusion

Je veux que tu commences à vendre aujourd'hui. Ne faites pas l'erreur que tant de blogueurs débutants font et pensez que vous devriez d'abord augmenter votre liste d'abonnés à 1.000 avant de commencer à vendre. Ne vous inquiétez pas d'avoir "assez" de contenu sur votre blog.

Commencez par publier 2-3 articles très informatifs sur votre blog qui seront d'intérêt pour votre public cible et choisissez de 1 à 3 produits d'affiliation à promouvoir. Divisez cela et présentez un produit pour chaque 2-3 articles sur votre blog, avec les autres offres d'affiliation qui sont envoyées à vos abonnés newsletter.

La clé, c'est de ne pas insister. Fournissez un contenu de valeur qui attire les visiteurs et intègre une ou deux offres d'affiliation dans la structure de votre blog. De cette façon, vous ne leur faites pas face, mais vous leur rappelez plutôt un outil ou un service utile qui les aidera d'une façon ou d'une autre.

Il est difficile de rester motivé en tant que blogueur si vous ne gagnez pas d'argent, donc si vous commencez vos efforts immédiatement, au lieu d'essayer de tout perfectionner, vous verrez des résultats beaucoup plus rapidement. Vous pouvez également générer des revenus qui serviront à former votre équipe, à embaucher des rédacteurs et des professionnels du marketing.

Une fois que vous avez encaissé le premier chèque ou accepté le premier paiement Paypal pour vos ventes d'affiliation, croyez-moi, vous serez accro.

Maintenant oui, je vous souhaite le meilleur dans vos résultats, et rappelez-vous que tout est pratique ; la théorie sans l'action ne vous est d'aucune utilité.

Un gros câlin, ton ami, Gaston !

D'ailleurs, lorsque vous atteindrez vos résultats petit à petit, je vous recommande vivement, si vous voulez en savoir plus sur les méthodes de gagner de l'argent, mon livre, sur "Faire de l'argent avec votre compte INSTAGRAM", est un livre qui je suis sûr vous aidera beaucoup sur votre chemin vers "liberté financière". Sans plus attendre, vous pouvez le trouver dans le moteur de recherche Amazon, comme : "Gagnez de l'argent avec votre compte instagram" ou cherchez mon nom, comme : "Gaston

Echevarria".... Encore une fois, je vous souhaite beaucoup de succès dans vos résultats !

Ressources supplémentaires

Ressources de la campagne

Voici des liens vers les ressources qui se trouvent dans ce guide :

Réseaux publicitaires :

LinkShare :
https://www.linkshare.com/

Commission Junction :
http://www.cj.com/

ShareASale :
https://www.shareasale.com/

Programme de partenariat Amazon :
https://affiliate-program.amazon.com/

Réseau d'affiliation Google :
https://www.google.com/ads/affiliatenetw

ork/

Le meilleur choix pour les produits numériques : www.JVZoo.com

Conseil professionnel : Offrez une valeur ajoutée en transformant votre contenu en formulaires PDF téléchargeables qui plairont à vos visiteurs ! == sync, corrected by elderman == == == for http://www.PostGopher.com == for <font color="#00ffffff">http://www.PostGoph er.com ==

Constructeurs de formulaires et de listes facultatifs :

http://www.OptinMonster.com

http://www.LeadPages.net

Fournisseurs de listes de diffusion :

http://www.mailerlite.com

http://www.MailChimp.com

www.ingramcontent.com/pod-product-compliance
Lightning Source LLC
Chambersburg PA
CBHW051205170526
45158CB00005B/1826